Murillo

SL Bensusan

Writat

Diese Ausgabe erschien im Jahr 2024

ISBN: 9789359945606

Herausgegeben von
Writat
E-Mail: info@writat.com

Inhalt

MURILLO

1618-1682

TAFEL I. – DIE Unbefleckte Empfängnis. Frontispiz.

(Aus dem Louvre, Paris)

Dieses vielbewunderte Gemälde ist eine der zahlreichen Studien des Malers zu einem vertrauten Thema. Es gibt mehr als ein Dutzend Bilder der Unbefleckten Empfängnis, deren Authentizität unbestritten ist, und in Spanien werden noch viele andere angeboten, raffinierte und manchmal alte Nachahmungen der Manierismen des Meisters. In diesem Fall ist die Figur der Jungfrau etwas übertrieben , aber die Behandlung der begleitenden Putten ist entzückend und die Komposition sehr gekonnt .

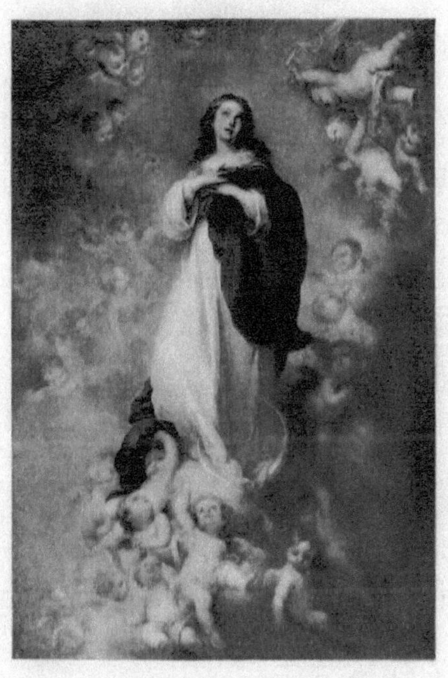

TAFEL I. – DIE Unbefleckte Empfängnis

ICH

Es gab lange Jahre, in denen der Name Bartolomé Esteban, der in der Welt als Murillo bekannt war, ein Zauber war. Velazquez, El Greco, Ribera, Zurburan , Goya waren sich ihrer Anziehungskraft lange unsicher, wurden nur von den Aufgeklärten unter ihren Zeitgenossen anerkannt und von der großen Mehrheit ihrer Landsleute ignoriert. Das Pendel des Geschmacks schwingt langsam von einem Extrem zum anderen, und wenn sich die Stimmungen und Bedürfnisse der Menschen ändern, werfen sie ihre Idole in den Staub, wo sie bleiben, bis eine andere Generation auf den alten Sockeln wiederherstellt, was sie finden kann. Heutzutage ist Murillo von seinem hohen Rang unter den Auserwählten gefallen; Sie ziehen es vor, seine Mängel zu verherrlichen, anstatt seine vielen Verdienste anzuerkennen, und ignorieren den großartigen Dienst, den er der spanischen Kunst geleistet hat, und die tiefgreifende Wirkung seiner Bilder, indem er zahllose einfache Seelen in die schützenden Hürden der Kirche lockte. Die fünfzig Jahre seiner hingebungsvollen Arbeit zählen nichts, die Selbsterforschung und Kritik, die es dem Maler ermöglichten, von einer niedrigen auf eine hohe Ebene zu gelangen, sind vergessen. Das ist nicht so, wie es sein sollte. Bartolomé Esteban Murillo hatte seine Grenzen, bleibt aber trotz alledem einer der Lehrer der Welt, und solche Einblicke in sein Leben, die man durch die Schatten von etwa zweihundertfünfzig Jahren sehen kann, zeigen ihn als einen ernsthaften Künstler, der zu Großartigem beigetragen hat natürliche Gaben, eine standhafte Zielstrebigkeit, die Entschlossenheit, sein Bestes zu geben, eine Liebe zu Andalusien und eine Hingabe an die Religion, in der er aufgewachsen ist, die die Bewunderung denkender Männer, wie kritisch sie auch sein mögen, erzwingen und es dem Künstler ermöglichen müssen, allein zu stehen. In den ersten Jahren seines Aufenthalts litt er unter der Not der Armut. Er wurde geboren, als Diego de Silva Velazquez gerade dabei war, seine glänzende Karriere zu beginnen. Tatsächlich wäre Murillo etwa fünf Jahre alt gewesen, als sein großer Zeitgenosse Sevilla verließ und nach Madrid ging. Wenn wir mit verständnisvollen Augen sehen könnten , könnten wir vielleicht versucht sein zu glauben, dass der weniger angesehene Künstler das glücklichere Leben genoss, denn Velazquez am Hofe der Könige hatte viel zu ertragen, was den jüngeren Mann, der im Dienste des Königs arbeitete , nie beunruhigte Könige und haben möglicherweise solche Visionen gesehen, die die Arbeit von Beato Angelico im Dominikanerkloster St. Antonius in Padua und des Heiligen Franziskus in Assisi erleichterten. Denn die besten Gemälde Murillos zeugen von Inspiration, frommem Glauben und einer überwältigenden Liebe zur „Maria Santissima " und davon, dass der einfältige Maler erkannte, dass sein Werk den Kathedralen und Klöstern, für die er arbeitete, Ehre verschaffte Er muss gespürt haben, dass seine Kunst eine überaus große Belohnung für ihn darstellte.

TAFEL II. – DAS BETTLERMÄDCHEN

(Aus der Dulwich Gallery)

Wir würden dieses Bild lieber die Blumenverkäuferin nennen, denn das Mädchen ist eigentlich gar keine Bettlerin. Sie trägt eine gewisse Eleganz und trägt Rosen, die sich in Sevilla gut verkaufen, wenn die Verkäuferin attraktiv und jung ist. Murillo hat uns einen sehr charmanten Typ eines spanischen Mädchens gegeben und einige bemerkenswerte Farbharmonien erzielt .

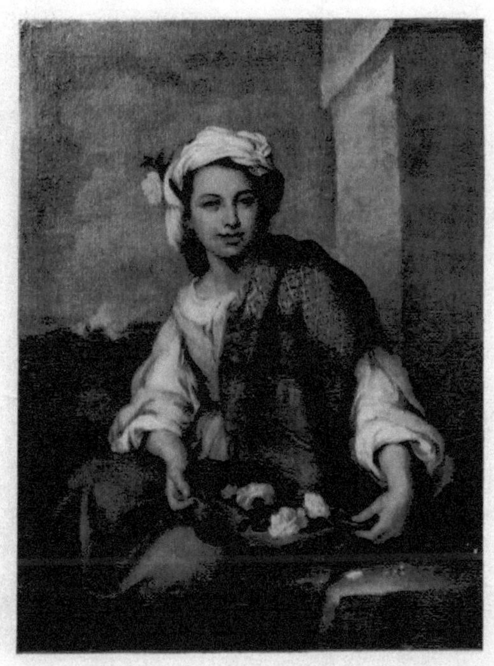

Tafel II. – DAS BETTLERMÄDCHEN

Bis heute ist Andalusien ein Land der Träume, und Sevilla ist trotz seiner elektrischen Straßenbahnen und Autos, seiner Kasernen und kosmopolitischen Gasthäuser die Stadt der Träume *schlechthin* . Um wie viel mehr als vor dreihundert Jahren, als Murillo geboren wurde, um seine Schönheit zu genießen? In Sevilla ist Reichtum ein bloßer Zufall, selbst die

Armen können sich ohne Vorbehalte für das wertlose Geschenk des Lebens bedanken. Der Glaube blüht heute in der agnostischen Generation wie in alten Zeiten, vermischt mit dem, was wir als Aberglauben betrachten würden, aber er teilt diesen Fehler mit allen lateinischen Ländern. In der Kathedrale und der Caridad, ganz zu schweigen von kleineren religiösen Häusern, erinnern uns die Bilder von Murillo noch immer daran, dass die Welt der katholischen Religion die Verehrung einer Frau verdankt. Für Murillo waren Gott und die Jungfrau keine blassen Abstraktionen; Es waren sein Vater und seine Mutter, denn er war kaum älter als zehn Jahre, als seine irdischen Eltern einer der Epidemien zum Opfer fielen, die in Europa zu einer Zeit, als Hygiene und Isolation noch nicht verstanden wurden, so häufig vorkamen.

Zwanzig Jahre lang, die beeindruckendsten Jahre seines Lebens, lebte Murillo allein. Diejenigen, die sich über seine Arbeit in diesen frühen Zeiten lustig machen, ignorieren die Bedingungen, unter denen sie geschaffen wurden, und vergessen, dass die Kosten für Leinwand und Pigmente einen sehr ernsten Posten in seiner Kasse darstellten und dass seine Belohnung am geringsten war. Reichtum kam ihm erst in jungen Jahren zugute, aber als seine Umstände einfacher wurden , tat er alles, was in ihm steckte, um seine Botschaft vollständiger zum Ausdruck zu bringen, und obwohl er unermüdlich arbeitete , war sein letztes Werk sein bestes und enthielt Meisterwerke Das kann sich in jedem Unternehmen behaupten, selbst wenn es sich um Meister handelt, vor denen sich Künstler und Laie beugen. Murillo wurde von Fälschern und Kopisten herabgewürdigt, denen es gelang, viele seiner Mängel und nur sehr wenig von seiner Qualität auf ihre eiligen Leinwände zu bringen. Jeder Bilderhändler in einer spanischen Stadt, egal welchen Anspruchs, hat ein oder zwei Murillos, für die er zu bürgen bereit ist, auch wenn die Leinwand seine Beteuerungen Lügen straft. Das Werk des Künstlers wurde schamlos für Werbezwecke missbraucht, es hat die höchsten Strafen der Popularität bezahlt, und doch ist ein echter Murillo in bester Manier ein Bild, auf das wir uns immer wieder stützen können, um über die Eroberung hinaus zu finden technische Schwierigkeiten und die Schönheit der Farben, die Qualitäten der Vorstellungskraft und Inspiration, die mit den wenigen Auserwählten in jedem Bereich der kreativen Arbeit verbunden sind. Man könnte sogar sagen, dass Sevilla genauso viel verlieren würde wie Madrid, wenn die Murillos aus dem einen und die Velazquez-Bilder aus dem anderen genommen würden. Der Autor hätte nicht gezögert, dies zu sagen, wenn die Hauptstadt Andalusiens von den französischen Eroberern Spaniens nie ihres eigentlichen Reichtums beraubt worden wäre. Man muss nicht in ausländische Galerien gehen, um die Werke eines großen Künstlers zu sehen, sondern in die Stadt, die seine Heimat war – die Stadt, in der die Quellen seiner Inspiration schlummern und seine Bilder einen angemessenen Rahmen finden. Eine Transplantation nützt nichts. Die Bäume und Blumen, die Vögel und Tiere eines fremden Landes können in einem Klima überleben , für das sie nicht bestimmt sind, aber es gibt nichts weiter als ein gestopptes Wachstum; sie können sich selbst nicht gerecht werden. Ehrlich gesagt und vorbehaltlos geben wir zu, dass Murillo fast ebenso sehr Andalusier wie ein Maler war, aber wenn wir seine Stadt und seine Werke dort kennen, wird uns ein schönes Bild in der Nationalgalerie oder im Louvre Sevilla so sicher wie ein Meer zurückbringen -Shell bringt das unaufhörliche Rauschen der Wellen zurück.

II

DAS LEBEN DES KÜNSTLERS

Murillo kam Ende des Jahres 1617 zur Welt und wurde in einer Kirche getauft, die während der französischen Invasion fast zweihundert Jahre später zerstört wurde; Die Aufzeichnungen seiner Taufe werden heute in der St.-Pauls-Kirche aufbewahrt. Die Geschichte schweigt über seine frühen Jahre, aber die Behörden machen deutlich, dass seine Eltern zu den Ärmsten der Stadt gehörten und dass er im alten jüdischen Viertel aufwuchs, immer ein Ort der Armut und des Leids. Aller Wahrscheinlichkeit nach streifte er durch die Straßen von Triana und Arrebola , kaum besser dran als die Bettlerjungen, die dazu bestimmt waren, so viel beeindruckendes Material für seinen Pinsel zu liefern. Als seine Eltern an der Pest starben, die Sevilla heimgesucht hatte, wurden der Junge und seine Schwester von einem Onkel adoptiert, der ein kämpfender Arzt war. Trotz der Epidemie waren die Zeiten schlecht; Wahrscheinlich gab es mehr Nachfrage als Bezahlung für medizinische Dienstleistungen von der Qualität, die Don Juan Lagares bieten konnte: Aber die Geschicklichkeit seines kleinen Neffen im Umgang mit Pinsel und Bleistift war zu offensichtlich, um der Aufmerksamkeit zu entgehen, und Don Juan del Castillo, einer der führenden Maler der Stadt, war es vom Arzt veranlasst, den Jungen ohne Zahlung eines Honorars als Schüler aufzunehmen.

Im Atelier eines mäßig erfolgreichen Künstlers müsste ein Schüler niedere Arbeiten verrichten – Farben schleifen , Pinsel reinigen, Böden fegen; Er würde von den Methoden des Meisters so viel wie möglich aufgreifen, wenn er nichts anderes zu tun hatte. Es war keine gute Lehrzeit für einen Anfänger, dessen jugendliches Talent die Anleitung eines größeren Mannes erforderte, aber Bettler können keine Wähler sein, und zweifellos waren Onkel und Neffe Castillo dankbar, der kaum Anspruch auf unser Andenken hat, außer in seiner Eigenschaft als Meister der Großen von Sevilla Maler. Er fand einen willigen Schüler, dessen Arbeit in einige der ärmeren Ordenshäuser der Stadt aufgenommen wurde, als er erst fünfzehn war, und die Beziehungen zwischen den beiden scheinen angenehm gewesen zu sein, denn Murillo arbeitete zehn Jahre oder länger im Atelier. und erhielt wahrscheinlich eine kleine regelmäßige Vergütung als Gegenleistung für seine Dienste, sobald er deren Wert nachgewiesen hatte. Dann zog Juan del Castillo nach Cádiz und Murillo blieb in Sevilla. Seinen Handlungen in den kommenden Jahren nach zu urteilen, blieb er, weil ihm die Stadt sehr am Herzen lag; Er wäre seinem Meister zweifellos nützlich gewesen, und zweifellos brachte die Schließung von Castillos Werkstatt ihn im Alter von dreiundzwanzig Jahren in eine finanzielle Notlage. Er musste seine Schwester unterstützen, und die Mittel dazu waren äußerst gering, da er nur den ärmeren Brüdern der Kirche bekannt war, die nur wenige Aufträge anzubieten und nur sehr wenig dafür zu bezahlen hatten. Das bestbezahlte Werk befand sich in starken Händen, und wenn auch keine hohen Würdenträger der Kirche in Sevilla viel über den kämpfenden Maler wussten, muss man zugeben, dass er nicht viel getan hatte, um Aufmerksamkeit zu erregen oder zu verdienen. Er war gerade ein Künstler im Werden, und die Entstehung war ein langsamer und schmerzhafter Prozess.

TAFEL III. – DIE HEILIGE FAMILIE

(Aus dem Louvre, Paris)

Dies ist eines der Meisterwerke der Pariser Sammlung, gleichermaßen schön in Konzeption, Farbgebung und Komposition, wobei alle Verdienste des Künstlers deutlich zum Ausdruck kommen und die meisten seiner Schwächen durch ihre Abwesenheit auffallen.

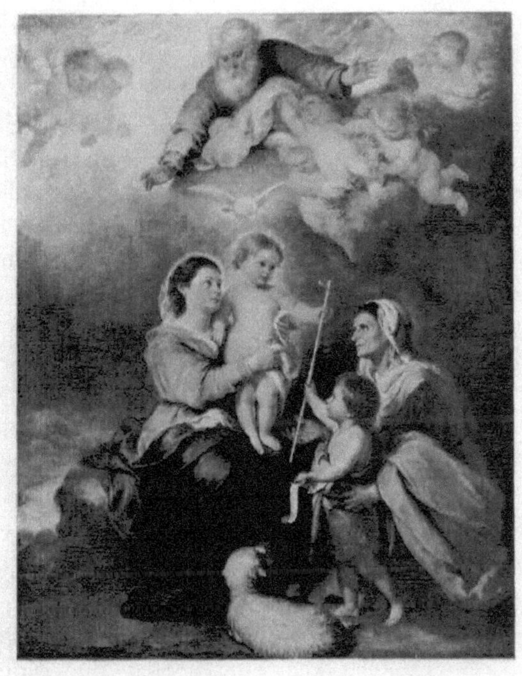

TAFEL III. – DIE HEILIGE FAMILIE

Da der junge Maler nicht über die Mittel für ein ernsthaftes Studium verfügte und dringend auf einen Penny angewiesen war, war er gezwungen, das zu tun, was die niedrigsten Mitglieder seiner Klasse taten, und er arbeitete nicht unähnlich dem, mit dem bedürftige Herren bei uns Straßenecken schmücken Jahr der Gnade. Allerdings wählte er keinen Stellplatz und schmückte ihn mit Büsten der Herrscherfamilie, des regierenden Ministers, einer Kirche, einem vor Anker liegenden Schiff und einer Schafherde im Schneesturm, sondern kaufte das billigste und gröbste Tuch, das er finden konnte kaufen, zerschneiden, spannen und Bilder für die Messe malen.

Mindestens einmal pro Woche fand in Triana oder Macarena eine Messe statt, und jeden Tag kamen Bauern und Händler mit etwas zum Kaufen oder Verkaufen dorthin; und wenn der Laden oder die Geldbörse eines Mannes voll war, wenn er gut gegessen hatte und sich der Lebensfreude bewusst war, willigte er oft ein, ein Förderer der Künste zu werden, als Antwort auf die Bitte eines bedürftigen Sohns des Busches, der ihm ein flammendes, leuchtendes Bild einer Madonna oder einer Heiligen Familie zeigte oder ein Stück unberührtes Saga -Tuch hervorholte und anbot, ein Porträt zu malen, fast so schnell, wie der wandernde Fotograf von Brighton Beach oder Margate Sands die Fälschung seines Opfers mit Hilfe übel riechender Kollodiumplatten herstellen kann. Solche Bilder waren immer auf der Feria zu kaufen, obwohl der Autor in den letzten Jahren weder auf den Messen in Sevilla noch in Córdoba wandernde Künstler gefunden hat – vielleicht können sie mehr Geld verdienen, indem sie „echte Murillos" für kleine Händler und Besitzer von Läden malen, die Second-Hand-Waren verkaufen. Zweifellos arbeitete der junge Maler schnell, seine Begabung kam damals sofort zum Ausdruck, und wenn er keinen Auftrag von einem der Messebesucher erhielt, fertigte er einige Gemälde für Händler an, die sie an die religiösen Häuser Südamerikas schickten, wo der Einfluss Spaniens so weit verbreitet und stark zu spüren war. Es ist nicht leicht zu erraten, wie lange er mit dieser Arbeit zufrieden gewesen wäre, aber als er sie etwa zwei Jahre lang ausgeübt hatte, trat eine große Veränderung in sein Leben, und zum ersten Mal lernte er bessere Dinge kennen.

Im Atelier oder in der Werkstatt von Juan del Castillo hatte er eine Freundschaft mit einem Jungen aus Granada geschlossen, einem gewissen Pedro Moya, der, als er Castillo verließ, offenbar der Kunst und dem Krieg gefolgt war und seinem Heimatland in den Niederlanden gedient hatte Es gab reichlich Chancen für den Glücksritter, der das Glück hatte, unbeschadet über das geschlagene Feld zu kommen. Moyas Talent wurde durch eine zufällige Bekanntschaft mit Van Dycks Werk angeregt, und um diesen großen Meister zu studieren, zog er sich aus der Armee zurück und ging nach London, wo Van Dyck ihn, damals im letzten Jahr seines Lebens, als Schüler aufnahm. Als Van Dyck verstarb, musste Moya feststellen, dass sein Beruf verloren gegangen war, und so verließ er unsere nebligen Küsten in Richtung seiner Heimat Andalusien, ließ sich in Sevilla nieder und erneuerte seine Freundschaft mit seinem alten Freund und Kommilitonen. Murillo entdeckte bald in der Arbeit seines Freundes Qualitäten, die er noch nie zuvor gesehen hatte; Sie offenbarten die Armut seiner eigenen Bemühungen und erfüllten ihn mit einem überwältigenden Wunsch zu reisen und zu lernen. Es war einfacher, den Wunsch zu spüren, als darauf zu reagieren. Italien, damals wie heute das Mekka des spanischen Künstlers, lag weit außerhalb seiner Reichweite, aber er hatte Geschichten über den Erfolg gehört, den sein Landsmann Velazquez in Madrid gehabt hatte, und dachte, dass er gewinnen würde , wenn er zu ihm gehen könnte ein wenig von dem Rat und der Belehrung, die er so sehr brauchte. Mit dieser Idee schloss er eine Vereinbarung mit einem Bilderexporteur, der einen großen Handel mit Südamerika betrieb, und verpflichtete sich, eine große Anzahl von Werken zu einem Sonderpreis zu malen. Unter Hochdruck führte er den Auftrag aus, erhielt seinen Lohn, gab seine junge Schwester in die Obhut von Freunden und schüttelte den Staub der Macarena von seinen Füßen. Sein Weg führte nach Norden, und als er in der Hauptstadt Spaniens ankam, stellte er sich Velazquez vor.

Wir wissen nicht viel über das Privatleben und den Charakter des größten spanischen Malers, aber das wenige, was bekannt ist, spricht für ihn. Er zögerte nicht, den unerfahrenen, schlecht ausgebildeten Jungen von fünfundzwanzig Jahren unter seinen Schutz zu nehmen, obwohl seine einzigen Ansprüche an den Hofmaler dessen Talent und die Verwandtschaft waren, die man zwischen zwei Männern, dem einen angesehen, dem anderen unbekannt, die aus derselben Stadt stammen, behaupten kann. Was Velazquez tat, tat er mit Sorgfalt. Sobald er von der Glaubwürdigkeit seines Besuchers überzeugt war , *gab er ihm ein Zuhause, untersuchte seine Arbeit und wies auf ihre Mängel hin, verschaffte ihm Zutritt zu den königlichen Galerien und riet ihm, die Werke von Ribera und Van Dyck zu kopieren. Diese Gelegenheiten waren alles ,* was Murillo brauchte. Er konnte Velazquez nicht sehr oft gesehen haben oder hoffen, ihn zu sehen, denn der Hofmaler war ein Mann, dessen Freizeit sehr eingeschränkt war, aber er machte sich an seine Arbeit und war zwei Jahre oder länger ein gewissenhafter Kopist, dem es an keiner Gelegenheit mangelte. Velazquez, der sich nicht damit zufrieden gab, alles allein zu tun, hatte die Arbeit seines Schülers sogar seinem eigenen Mäzen, dem Herzog von Olivares, gezeigt, der damals noch auf dem Höhepunkt seiner Macht stand, und hatte sie entweder direkt oder durch Olivares dem König zur Kenntnis gebracht. Als Velazquez 1644 aus Lerida zurückkehrte, hatte Murillo so große Fortschritte gemacht, dass sein Mäzen ihn für durchaus geeignet hielt, seine Studien in Italien abzuschließen, und ihm die nötige Einführung und Geld anbot.

Alle Liebhaber von Murillo müssen sich wünschen, dass er die Gelegenheit genutzt hätte, aber unter den gegebenen Umständen ist es nicht ganz überraschend, dass er es nicht getan hat. Zweifellos hatte er die Rufe Sevillas die ganzen Tage und Nächte seines Aufenthalts in Kastilien gehört. Madrid ist für diejenigen, die den Süden kennen, keine angenehme Stadt, und außerdem wäre der junge Maler einsam gewesen und hätte sich daran erinnern müssen, dass seine Schwester, seine einzige nahe Verwandte, sehnsüchtig auf seine Rückkehr wartete. Er hatte viel gelernt; Vielleicht hatte er das Gefühl, dass seine Begabungen ihm einen guten Lebensunterhalt in seiner eigenen Stadt sichern würden, vielleicht hatte er das Gefühl, dass er über viele Jahre hinweg so viel assimiliert hatte, wie er ausdrücken konnte. Wir können nicht sagen, was ihm durch den Kopf ging, obwohl es für diejenigen von uns, die dem Zauber Sevillas verfallen sind, nicht allzu schwierig ist, sich darüber eine Meinung zu bilden, und wir neigen zu der Annahme, dass seine Entscheidung seinen großartigen Gönner beleidigt hat Zwei große Sevillaner trafen sich nie wieder. Von nun an sollte Murillos Wohnsitz in der Stadt seiner Geburt liegen, und seine Arbeit sollte durch die Aufträge begrenzt werden, die ihm die Stadt gewähren konnte. Zweifellos reiste er gerne in den Süden, um sich an der Plaza de Alfaro niederzulassen und seine neuesten Werke Männern auszustellen, die möglicherweise seine Gönner werden könnten. Er hatte Sevilla unbekannt und unauffällig zurückgelassen, nun hatte er den Vorteil genossen, bei dem größten Sevillaner von allen ausgebildet zu werden.

TAFEL IV. – MADONNA MIT DEM ROSENKRANZ

(Aus der Dulwich Gallery)

Die Jungfrau thront, mit dem Heiligen Kind auf ihrem Knie und begleitenden Putten zu ihren Füßen. Ihr Gesichtsausdruck ist voller Traurigkeit. Die Komposition ist hervorragend durchdacht und die Farbgebung wirkungsvoll.

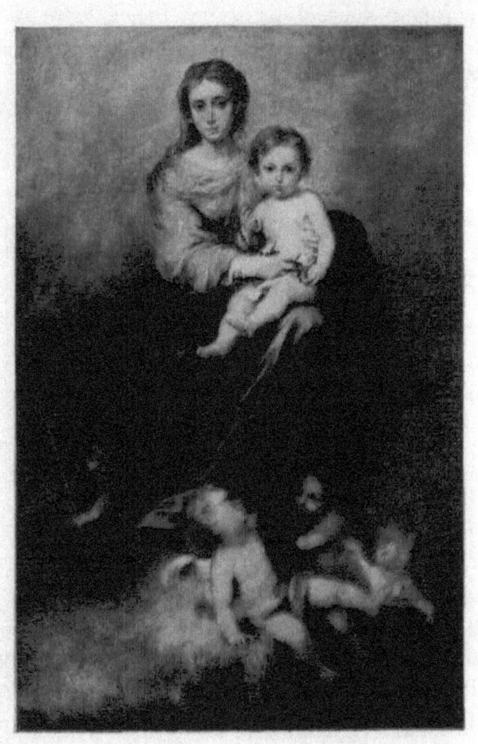

TAFEL IV. – MADONNA MIT DEM ROSENKRANZ

Er war immer noch arm, und seine Armut veranlasste ihn, von den Vätern des Franziskanerklosters einen schlecht bezahlten Auftrag für elf Bilder anzunehmen. Frisch von seinem langen Studium in Madrid, im Bewusstsein, dass dies seine erste Chance sein könnte, wenn er nicht sein Bestes gab, machte er sich an die Arbeit und produzierte eine Serie, die die Stadt in Begeisterung versetzte. Im wahrsten Sinne des Wortes wachte er eines Morgens auf und stellte fest, dass er berühmt war. Das Franziskanerkloster wurde 1810 durch einen Brand zerstört, aber die Bilder gingen nicht verloren, denn Marschall Soult hatte zehn von elf gestohlen, und das andere war auf dem Weg in dieses Land in die Galerie eines spanischen Granden geraten. Die französischen Invasoren Spaniens waren sowohl Kenner als auch Soldaten, und angesichts ihres *Talents* können wir heute vielleicht über die Mängel in ihrem Ethikkodex hinwegsehen. Murillo hatte das Franziskanerkloster berühmt gemacht; Die Franziskaner hatten ihren Maler vor finanziellen Schwierigkeiten bewahrt und ihm die Linien vorgegeben, denen sein Talent folgen sollte. Der Maler eines Bildes muss, wie der Autor eines Buches oder eines Theaterstücks, diesem einen Tribut an den Erfolg zollen; er muss die Arbeit tun, nach der die Öffentlichkeit sucht. Sollte er es wagen, sich in anderen Richtungen zu entdecken, werden seine ersten Gönner sich umdrehen und ihn zerreißen. Glücklicherweise ging die gesamte Tendenz dieses künstlerischen Talents in Richtung der Malerei sakraler Bilder, und in den folgenden Jahren finden wir von seiner Hand kaum etwas anderes als ein paar Porträts und ein oder zwei Landschaften von untergeordneter Bedeutung.

Der Leser könnte sich fragen, was die besondere Qualität von Murillos Werk war, die seine Landsleute so schnell ansprach, und die Antwort ist nicht weit zu suchen. Bislang wurden heilige Themen auf höchst unattraktive Weise behandelt. Die Kunst, die Dienerin der Kirche, hatte Freude an der Darstellung asketischer Figuren, die so weit von der kämpfenden Menschheit entfernt waren wie der Himmel über der Erde. Überall begegnete man Heiligen und Märtyrern, die aussahen, als wären sie gerade erst dem Griff der Inquisition entkommen; die Tugenden, die Güte und sogar die Menschlichkeit im Leben der Heiligen und Gläubigen wurden völlig ignoriert. Murillo bevölkerte seine Leinwände mit einer völlig neuen Klasse von Menschen, die so menschlich und faszinierend waren wie die Sevillaner selbst. Auf Murillos Leinwänden sahen seine Landsleute keine langwierigen Qualen des Martyriums mehr, sondern anmutige Madonnen und entzückende Kinder und Heilige, die im Streben nach Tugend nicht verbittert worden waren. Diese seltsame neue Sicht der Heiligkeit, diese Vermischung von Himmel und Erde, dieses Beharren auf einem gemeinsamen Band, das den Heiligen mit dem Heiligenschein mit dem kranken Bettler verband, dem er Almosen gab, war für Andalusien eine Offenbarung. Auch die satte, beinahe sinnliche Farbgebung der neuen Werke war eine Qualität, die man in Sevilla bis dahin nicht kannte. Allerdings kann man sich fragen, warum sich einige Spanier aus anderen Städten, die vielleicht warme Koloristen waren , nicht vom sonnenliebenden Sevilla angezogen fühlten, wo sie einen unmittelbaren Markt für Werke hätten schaffen können, die der unveränderlichen Laune der Menschen entsprachen.

TAFEL V. – DER BETTLERJUNGE

(Aus der Dulwich Gallery)

Die kleine Galerie in der Nähe des Dulwich College, etwa fünf Meilen von der Grenze der Londoner City entfernt, ist reich an Werken Murillos. Diese Studie eines Bettlerjungen ist nicht nur durch die geschickte Behandlung von Schatten und Licht, die fröhliche Pose und die geschickte Pinselführung des Künstlers interessant. Sie offenbart die Wahrheit, dass es zwischen dem

Bettler von vor fast dreihundert Jahren und dem heutigen in Spanien kaum oder gar keinen Unterschied gibt. Sie können diesem Kind heute in und um das andalusische Land begegnen, das der Maler so gut kannte.

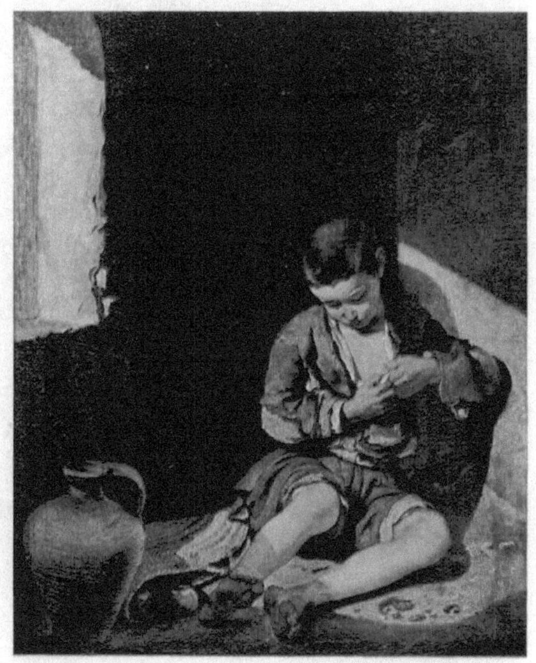

TAFEL V. – DER BETTLERJUNGE

Im Atelier des Malers drängte sich nun die *Elite* von Sevilla, die Menschenmassen, die sich versammeln, wenn das Genie von den Verantwortlichen gepriesen wird und sie keine Angst vor ihrem eigenen Geschmack haben müssen. Der Mann, der erst vor drei Jahren *Pinturas de la Feria* gemalt hatte, konnte nun seine eigenen Aufträge wählen. Er nutzte seine Möglichkeiten bestmöglich und heiratete einige Jahre, nachdem seine Arbeit für die Franziskaner ihm den Start ins Leben ermöglicht hatte, Dona Beatrice de Cabrera y Sotomayor. Ein Porträt von Murillo, das angeblich von der Dame stammt, befindet sich in der Sammlung von Sir J. Stirling-Maxwell, aber auf einem Foto betrachtet erklärt es nicht, warum der Maler sie geheiratet hat. Vielleicht ist die Tatsache, dass sie aus einer adligen Familie stammte und über Reichtum verfügte, der Schlüssel. Ihre Schmeichler hätten kaum sagen können, dass sie attraktiv war. Auf dem Bild trägt sie eine Mantilla und eine Blume im Haar nach Art der Sevillana und sieht aus, als würde sie selten unter guter Laune leiden, aber wenn das Porträt tatsächlich für die Frau des Malers steht, ist es nur fair, das hinzuzufügen Wir haben keine Belege dafür, dass sie so schwierig war, wie sie hier erscheint. Die Vermutung, dass eines seiner späteren Porträts einer wirklich attraktiven Frau seine Geliebte darstellt, wird nicht ausreichend unterstützt, um uns zu überzeugen.

Bis zu dem Jahr seiner Rückkehr nach Sevilla ist das Werk des Malers von geringer Bedeutung und aller Wahrscheinlichkeit nach ist der größte Teil davon verloren gegangen. In einem Land, in dem die Reichen eher bereit waren, Bilder zu kaufen, als denen, die sie malten, Bedeutung beizumessen, ist es unwahrscheinlich, dass die groben, unreifen Bemühungen des Malers, der seine Gönner auf dem wöchentlichen Jahrmarkt suchte, Aufmerksamkeit erregen würden. Kritiker von Murillo teilen seine Werke in drei Perioden ein, wobei die erste von 1646 bis 1652 datiert, als seine Umrisse hart waren und der Hintergrund Tiefe fehlte und die Farbgebung mehr oder weniger metallisch war. Darauf folgte eine kurze Übergangsperiode, die bis 1656 dauerte, als mehr von der Individualität hinter dem Pinsel auf der Leinwand zum Ausdruck kam und man die Fugen in der Komposition oder die eindeutigen Effekte, durch die das Farbschema erreicht wurde, nicht mehr sah. Ab 1656 kann man sagen, dass Murillo in sein Königreich eingetreten war, dass er seine Vorstellung von der Heiligen Familie und Heiligen so zum Ausdruck brachte, wie sie ihm in den Sinn kamen, und dass er sich außerhalb der Konventionen befand, die ihn bis dahin gefesselt hatten. Manche meinen, diese Veränderungen seien bloß das Ergebnis ständigen Studiums gewesen, aber der Autor ist fest davon überzeugt, dass sie mehr waren als nur das Ergebnis rein technischer Leistungsfähigkeit. Der Maler wandte sich immer mehr von irdischen Dingen ab und wandte sich Dingen zu, die er für himmlisch hielt. Sein emotionales Wesen reagierte auf die Zeremonien der Kirche und das Leben ihrer würdigsten Vertreter. Fast alle seine Werke wurden, ob direkt oder indirekt, im Dienste des Glaubens geschaffen, und er lernte, inbrünstig an die Wunder zu glauben, die er auf Leinwand festhalten sollte. Damals versuchte er, weibliche Formen von schlichter, aber beständiger Schönheit darzustellen, die die umgebende Luft zum Leuchten brachten, Engel, die über Heiligen schwebten, kleine Engelchen, deren Füße nie unsere eigene harte Erde berührt hatten, die aus den Falten der Gewänder der Madonna lächelten.

Vielleicht tat er unbewusst das, was die florentinischen und venezianischen Maler der Renaissance vor ihm getan hatten; Er studierte die Mutterschaft und Kindheit in den Straßen um ihn herum und übertrug sie mit sicherem Gespür und ehrfürchtiger Hand auf seine Leinwand. Kein Wunder also, dass sein Werk in den letzten Tagen direkter denn je die Menschen berührte, unter denen er lebte, und dass sie Murillo so betrachteten, wie sie die Kathedrale oder den Giralda-Turm als Denkmal ihrer Stadt betrachteten Unterweisung für Fremde. Wenn man in der antiken Stadt bis heute ein Kunstwerk jeglicher Art lobt, sagt man, es sei ein Murillo, *also* ein Meisterwerk. Vielleicht gibt uns die Quelle des Kampfes des Malers auch den Schlüssel zu seiner Schwäche. Die Kirche gab ihm Glauben und Aufträge, zwang ihn aber auch zu einer gewissen Stelzhaftigkeit gegenüber seinen Untertanen. Seine Engel und Putten kamen von den Straßen rund um sein Haus, und manchmal hat man das Gefühl, dass sie ein wenig müde sind, ein wenig intolerant gegenüber der Pose, die er ihnen auferlegt hat, und dass sie darauf bedacht sind, in eine weniger unnatürliche Umgebung zurückzukehren. Trotz all seiner Leichtigkeit besaß er keinen Mut; Er spürte und äußerte die Einschränkungen, die die Kirche auferlegte. Wir sollten ihn nicht dafür verantwortlich machen, wir sollten uns lieber an seine Leistung bei der Humanisierung der himmlischen Heerscharen erinnern, als an sein Versagen, sie ohne Selbstbewusstsein menschlich zu machen. Nur eine umfassendere Ausbildung und ein tieferes Wissen in vielen Richtungen hätten seinen Pinsel befreien können, aber wenn er zu frei gewesen wäre, hätte er festgestellt, dass sein Beruf verloren gegangen wäre. Es muss eifrige Kirchenmänner gegeben haben, die viele seiner Bilder schief betrachteten, denn die Masse dieser Geistlichen hätte die Kunst kaum anders betrachten können als durch die immer enger werdende Brille der Theologie. Um abzuschätzen, was die spanische Kunst Murillo zu verdanken hat, werfen wir einen Blick auf die Darstellung der Themen, die er sich durch einen der Männer vor ihm zu eigen gemacht hat.

Obwohl Murillo sich so sehr mit sakraler Kunst und religiösem Empfinden beschäftigte, dass seine Bilder für religiöse Häuser alle anderen bei weitem übertrafen, nahm er auch am gesellschaftlichen und künstlerischen Leben um ihn herum ein intelligentes Interesse. Sein Zuhause wurde zu einem der Zentren intellektueller Gemeinschaft in einer Stadt, die sich nie ausschließlich geistigen Angelegenheiten gewidmet hat, und er verkehrte mit den Oberhäuptern der sevillanischen Gesellschaft innerhalb und außerhalb der Kirche. Die alten mageren Jahre lagen weit hinter ihm, seine Bilder erzielten die höchsten Preise in der Stadt und waren auch über ihre Grenzen hinaus gefragt, obwohl es äußerst unwahrscheinlich ist, dass er Sevilla jemals für längere Zeit verließ. Er könnte bis nach Cadiz gegangen sein, bevor er dort starb, aber das wäre die äußerste Grenze seiner Ausflüge gewesen. Ab und zu malte er zur Entspannung eine Landschaft – es gibt ein oder zwei in Madrid, die von Kritikern noch nicht wegdiskutiert wurden – und von Zeit zu Zeit malte er Porträts, obwohl er es vorzog, die Merkmale, die er festhalten sollte, einem Heiligen zu geben. Zweifellos war er der Meinung, dass die Kirche den ersten und letzten Anspruch auf seine Dienste hatte und dass er kein Recht hatte, seine Zeit weltlichen Themen zu widmen.

TAFEL VI. – EIN TRINKENDER JUNGE

(Aus der National Gallery, London)

Wenn Murillo sich nicht mit Jungfrauen, Heiligen oder Märtyrern beschäftigte, widmete er sich gern den malerischen Kindheitsbildern, die er in den Straßen um ihn herum fand. Zweifellos brachte er mehr Charakter, mehr Menschlichkeit und vor allem mehr Bewegung in seine Kinderstudien als in seine sakralen Bilder. Die National Gallery ist der glückliche Besitzer einer der erfolgreichsten Kinderstudien des Malers, die hier reproduziert ist.

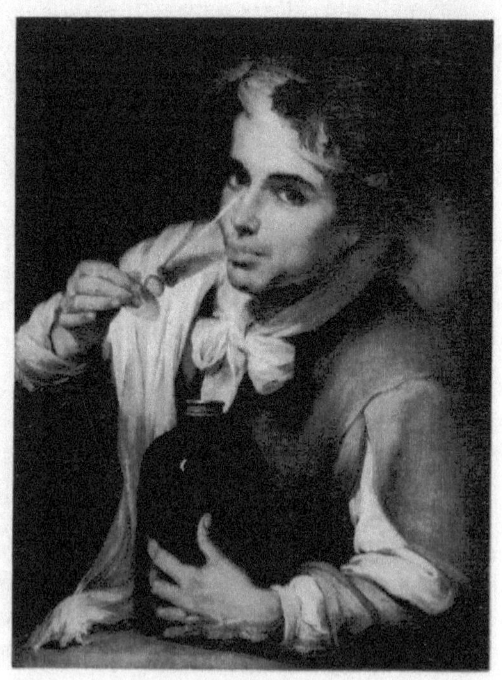

TAFEL VI. – EIN TRINKENDER JUNGE

Als sein gesellschaftlicher Einfluss und seine Möglichkeiten zum Verkehr mit führenden Zeitgenossen zunahmen, hegte er die Idee, in Sevilla eine öffentliche Kunstakademie zu gründen. Bei der Verfolgung dieser Idee hätte er die herzliche Ermutigung der Geistlichen erhalten, die die Kunst als sicheres Hilfsmittel zur Frömmigkeit betrachteten, und es kann sein, dass ihre Unterstützung maßgeblich zum Erfolg der Eröffnungsversammlung in Sevilla Anfang des 20. Jahrhunderts beitrug Jahr 1660, als etwa zwanzig oder mehr der führenden Maler Andalusiens die Verfassung der neuen Körperschaft ausarbeiteten und Murillo und den jüngeren Herrera zu gemeinsamen Präsidenten wählten. Studenten sollten gegen Zahlung ihrer finanziellen Möglichkeiten aufgenommen werden, und die Vermutung, dass die Kirche das neue Unterfangen unterstützte, wird durch die Tatsache gerechtfertigt, dass jeder Student verpflichtet war, Obszönitäten abzuschwören und sich zu seiner Orthodoxie zu bekennen, indem er eine etablierte Formel aufsagte. Die Präsidenten widmeten abwechselnd eine Woche der Akademie, lehrten, kritisierten und berieten, und die kämpfenden jungen Künstler der Stadt und ihrer Umgebung beeilten sich, die Chance auf Unterricht und Unterstützung zu nutzen. Herrera blieb seiner selbst auferlegten Aufgabe nicht treu, und Murillo fand es zweifellos lästig, aber die Akademie war nicht zuletzt die Schöpfung seines eigenen Gehirns, und er tat sein Bestes dafür, indem er die Bürde seines Mitpräsidenten auf sich nahm hatte beiseite gelegt. Es ist klar, dass er über ein gewisses Talent für Organisation und Verwaltung verfügt haben muss ; Die Akademie schien zu florieren, solange er ihre Geschäfte leiten konnte, doch kurz nach seinem Tod wurden ihre Türen geschlossen. Einige der spanischen Schriftsteller, die Zugang zu alten Papieren und Korrespondenz hatten, erklären, dass Murillos Position von Anfang an eine große Schwierigkeit darstellte und dass die Eifersucht älterer und weniger erfolgreicher Männer ihn sehr behinderte, und das gilt auch für viele seiner Die besten Absichten wurden vereitelt. Es ist nicht schwer zu verstehen, dass die außergewöhnliche Karriere des Malers ihm viele Kritiker beschert hatte und dass seine Position an der Spitze der Akademie von den älteren, erfolglosen Herren missbilligt werden würde, die wussten, dass das Experiment von höchster Stelle aus beobachtet wurde Madrid.

Es ist hier nicht möglich, ausführlich auf die bedeutenden Arbeiten einzugehen, die Murillo in den ersten fünfzehn Jahren seiner jüngsten Karriere schuf. Ein solcher Versuch würde bedeuten, einen Katalog zusammenzustellen, der kaum von Interesse sein dürfte, außer für die wenigen englischen Murillo-Liebhaber, die seine Werke in der Nationalgalerie, im Louvre, im Prado, in der Eremitage und in den öffentlichen und privaten Sammlungen in Sevilla kennen. Für den Moment genügt es, darauf hinzuweisen, dass er mit Aufträgen geehrt wurde , Bilder für die Kathedrale von Sevilla zu malen, die einst ein Tempel der Venus war und bis heute, wenn der Autor richtig informiert ist, Kerker besitzt, in denen die Beamten der Heiligen Inquisition ihren Willen am *Corpus vile* des Ketzers durchsetzten. Er schmückte die königliche Kapelle zu Ehren der Heiligsprechung des heiligen Ferdinand. Im Kapitelsaal der Kathedrale befinden sich acht ovale Porträts, die für die Kuppel gemalt wurden. Alle sind Heilige, sechs Männer und zwei Frauen, wobei letztere die heilige Justa und die heilige Rufina sind, die Schutzheiligen der Stadt. In den darauffolgenden Jahren wurde Goya gebeten, die heilige Justa und die heilige Rufina zu malen, und er zeigte seinen Respekt vor ihrer Heiligkeit, indem er zwei Kurtisanen als Modell für die Porträts engagierte; aber das ist eine andere Geschichte und gehört in die Zeit des französischen Krieges und Ferdinands des Begehrten. In der Kathedrale gibt es zahllose Studien von Christus, eine als Junge, eine andere bei der Taufe durch den heiligen Johannes, eine dritte, in der das Christuskind dem heiligen Antonius von Padua erscheint, eine weitere nach der Geißelung. Das Bild von Christus und dem heiligen Antonius war wahrscheinlich eines der schönsten Werke des Meisters, aber es wurde schlecht restauriert. In der Regel scheinen die Herren, die in Spanien mit der Restaurierung von Meisterwerken beauftragt wurden, so viel Kunstwissen zu haben wie der afrikanische Medizinmann von der Heilkunst, die ein Londoner Doktor der Medizin praktiziert . Nur ab und zu, wenn man Murillo in Höchstform in einem Bild findet, das den Angriffen der Zeit getrotzt hat, kann man erkennen , wie die grausame Gnade des Restaurators das Werk des Malers verdunkelt hat. Sie haben das Offensichtliche betont, Gefühle in Sentimentalität verwandelt und dafür gesorgt, dass Farbschemata ihre Raffinesse verloren. Wenn Shakespeares Sonette verstümmelt aufgefunden und von diesem „wahren Philosophen", dem verstorbenen Martin Tupper, wiederhergestellt worden wären, hätten wir in der Literatur ein Gegenstück zu dem Ergebnis gehabt, das wir hier in der Kunst haben.

Über Murillos äußerst wichtiges Werk in der Kathedrale von Sevilla hinaus muss die Aufmerksamkeit auf die Bilder gelenkt werden, die er für die Kirche Santa Maria la Blanca, das Kapuzinerkloster und die Caridad malte. Nur eines davon, ein „Letztes Abendmahl", nicht in der besten Manier des Malers, ist heute noch dort; aber das prächtige halbkreisförmige Bild der Empfängnis, das sich jetzt im Louvre befindet, wurde für Santa Maria la Blanca gemalt und hing dort, bis Marschall Soult seine habgierige, aber wohlkultivierte Aufmerksamkeit darauf richtete; und in der Akademie von San Fernando in Madrid, wo so viele der schönen Goyas aufbewahrt werden, können wir zwei weitere sehen, „Der Traum" und „Der Senator und seine Frau vor dem Papst". Die dargelegte Geschichte basiert auf der Legende eines römischen Senators und seiner Frau, die kinderlos waren und schworen, ihr Vermögen der Jungfrau zu hinterlassen. Sie erschien ihnen im Traum, das Christuskind in ihren Armen, und befahl ihnen, ihr an der von ihr angegebenen Stelle eine Kirche auf dem Esquilin zu errichten. Diesem Traum soll die Kirche Santa Maria Maggiore in Rom ihre Gründung verdanken. Die beiden von Soult gestohlenen oder annektierten Gemälde wurden nach seinem Tod nach Spanien zurückgegeben.

TAFEL VII. – DIE GEBURT

(Aus dem Louvre, Paris)

Bei mehreren Gelegenheiten wählte Murillo die Geburt Christi als Thema seiner großen Gemälde. Durch seinen ehrfurchtsvollen Umgang mit einer Szene, die so viel der Fantasie des Künstlers überließ, war es ihm stets sicher, die Bewunderung seiner Kunden auf sich zu ziehen. Seine Bilder wurden von den französischen Invasoren Spaniens sehr bewundert, und viele Franzosen verdankten Marschall Soult ihre erste Bekanntschaft mit Murillo.

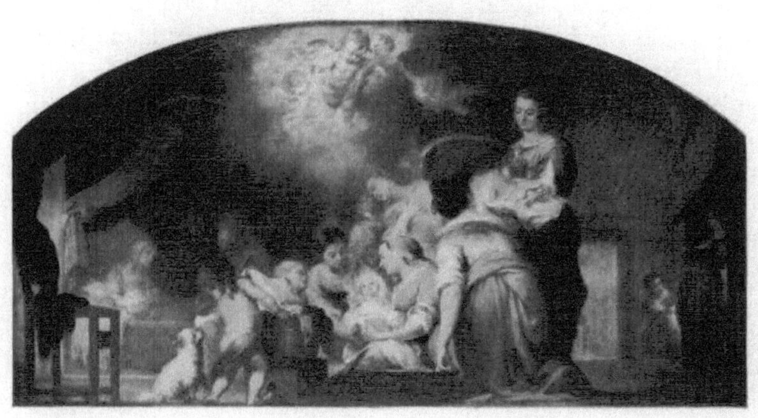

TAFEL VII. – DIE GEBURT

Das Caridad, ein gut geführtes Krankenhaus, makellos sauber, hell und luftig, gedeiht heute am Ufer des Guadalquivir, in der Nähe des Turms des Goldes, und zweifellos ist der Schriftsteller nur einer von vielen, die dort viele Stunden verbracht haben, zufrieden damit, den Anblick und die Geräusche des Leidens zu ertragen für den Rest der Arbeit, der immer noch die Mauern von Kirche und Krankenhaus ziert. Ohne die Besuche des unermüdlichen Marschalls Soult, der eine solche Vorliebe für die Arbeit des Meisters hatte, dass weder die Kathedrale noch das Krankenhaus sie vor seinen Augen und Händen schützen konnte, gäbe es viel mehr, als heute zu sehen ist. Es ist leicht, Murillo in den öffentlichen Galerien zu studieren, aber es scheint befriedigender, seine Leinwände an den Orten zu sehen, für die sie gemalt wurden, und dem Krankenhaus der Caridad kommt besonderes Interesse zu, da es von einem von ihnen gegründet wurde Männer, die ein Zeitalter des gläubigen Glaubens von Zeit zu Zeit hervorbringen kann – ein verzweifelter Sünder, der zum Heiligen wurde. Don Miguel Manara von Calatrava, geboren einige Jahre nach Murillo, war ein Mann des Vergnügens, der sein Vermögen durch ein ausschweifendes Leben verschwendete. Eines Nachts, als er von einer Ausschweifung nach Hause taumelte, sah er einen Trauerzug auf sich zukommen, die offene Bahre war von fackeltragenden Priestern umgeben. „Wen trägst du ins Grab?" Er weinte und einer der Priester antwortete: „Don Miguel Manara." Voller Angst blickte der Verschwendungssüchtige auf die Leiche und erkannte in ihren Gesichtszügen seine eigenen. Dann wusste er nichts mehr, bis der Morgen anbrach und er sich in einer Kirche wiederfand. Hätte er in diesem prosaischen Zeitalter gelebt, hätten ihn seine Freunde in ein Pflegeheim gebracht, um die wohltuende Wirkung von Bromid und einer Ruhekur zu genießen, aber vor zweihundertfünfzig Jahren musste ein Mann seine eigene Erlösung finden. Er tat dies sehr gründlich, wandelte sich von einem Verschwendungssüchtigen zu einem Anhänger und gründete nach unendlicher Arbeit das Krankenhaus und die Kirche der Caridad auf den Ruinen eines frühen Gebäudes mit demselben Charakter. Es handelt sich um eine prächtige Institution, die bis heute den von ihrem Gründer vorgeschlagenen Charakter bewahrt hat, dessen besorgtes, verhärmtes Gesicht uns von der von Juan de Valdés in der Cabilda gemalten Leinwand aus ansieht . Murillo malte zehn oder elf Bilder für die dem Krankenhaus angeschlossene Kirche San Jorge; drei sind noch übrig: einer befindet sich in Madrid und zwei befinden sich im Stadthaus des Herzogs von Sutherland. Vielleicht ist „Moses" das Beste von denen, die noch übrig sind, aber die Heilige Elisabeth von Ungarn, die sich jetzt in Madrid befindet, ist ein Meisterwerk.

Dankbarkeit für die ihm erwiesenen Gefälligkeiten war wohl eine der Eigenschaften des Malers und kann für die großartigen Bemühungen im Namen der Franziskaner verantwortlich gemacht werden, die ihm in früheren Zeiten den Auftrag erteilt hatten, der ihn berühmt machte. Als die Brüder sich 1673 an ihn wandten, war er ein reicher Mann und konnte so billig arbeiten wie in den Tagen, als es sich noch lohnte, jeden Real zu sparen. Der Bau des Klosters, das damals am Stadtrand lag, hatte vierzig Jahre oder mehr gedauert. Nun brauchte es eine Dekoration, und die Brüder wandten sich nicht vergeblich an den größten Kirchenmaler der Zeit. Wir kennen sein Honorar nicht, aber wir wissen, dass er sechs Jahre seiner Aufgabe widmete. Mehr als zwanzig Bilder zeugten zugleich von seiner Hingabe und seinem Können, denn sie gehören zu den besten, die er gemalt hat, und glücklicherweise sind die meisten davon im Murillo-Salon des Sevilla-

Museums zu sehen. Die Brüder des heiligen Franziskus führten zwar ein oder zwei Austausche durch, wie sie Glaucus mit Diomedes schloss, hatten aber den Verstand, die Gemälde, die sie aufbewahren wollten, außerhalb der Reichweite von Marschall Soult aufzubewahren, und der Salon von Trabella beherbergt *unter anderem* den „Heiligen Franziskus am Fuße des Kreuzes", „Justa und Rufina", „Heiligen Thomas von Villanueva" und zwei Empfängnisse. Man wird sich erinnern, dass das päpstliche Edikt, das die Unbeflecktheit der Mutter Gottes erklärte, im Jahr von Murillos Geburt erlassen wurde, und zweifellos glaubten viele fromme Katholiken, dass der Maler Spanien als Belohnung für Philipp IV. gegeben wurde, durch dessen unermüdliche Bemühungen Papst Paul V. sein bedeutsames Dekret erlassen hatte.

Die für die Franziskaner gemalten Bilder dienten Murillos Zeitgenossen als Krönung seiner Leistungen. So brillant seine Arbeit für die Kathedrale und die Caridad, für das als Los Venerables bekannte Krankenhaus und für die Augustinerkirche gewesen war , galten die Franziskaner als die glücklichsten aller Gönner des Malers, und seine Bilder gaben einen Anklang enorme Anregung für die Arbeit der Kirche. Die Kapuziner von Cádiz baten ihn, in ihre Stadt zu reisen und einige Bilder für ihr Haus zu malen. Er hatte bereits ein hohes Alter und eine gesicherte Stellung erreicht, und keine finanzielle Entschädigung, die die Kapuzinerbrüder zu bieten hatten, hätte ihn aus seiner geliebten Heimatstadt locken können; Aber die Versuchung, für die größere Ehre Gottes zu arbeiten, war unwiderstehlich, und er machte sich auf den Weg. Es war eine unglückliche Reise. Während er an einem Bild von der Hochzeit der Heiligen Katharina arbeitete, stolperte er beim Besteigen des Gerüsts und verletzte sich schwer. Er litt unter großen Schmerzen und konnte oder wollte seinen Zustand nicht genau beschreiben. Er wurde nach Sevilla zurückgebracht, und wir können sicher sein, dass die Reise seine Symptome verschlimmert haben muss. Seine Kinder und Freunde taten alles, was sie konnten, um seine Leiden zu lindern, aber in jenen Tagen des elementaren Wissens konnte ein Bruch weder leicht diagnostiziert werden, noch gab es eine wirksame Behandlung. Uns wird gesagt, dass der Sterbende jeden Tag zur Kirche des Heiligen Kreuzes gebracht wurde, wo er im Schatten von Campanas „Herabkunft" betete. Da er spürte, dass sein Ende bevorstand, schickte er nach all seiner Familie und seinen Freunden, und am Abend des 3. April 1682 kam das Ende. Er wurde unter Campanas „Kreuzabnahme" beigesetzt, und seine Beerdigung bot allen Schichten Sevillas eine Gelegenheit, zu zeigen, wie sehr sie die angesehenen Toten respektierten. Er hinterließ nur wenig Geld, obwohl er einige Immobilien und eine wertvolle Sammlung von Tellern und Bildern besaß. In seinem Testament hinterließ er die Weisung, dass zur Ruhe seiner Seele vierhundert Messen gehalten werden sollten – sicherlich eine großzügige Spende für jemanden, dessen Leben einzigartig frei von Tadel war. Seine Frau war vor ihm gestorben, aber seine Schwester, für die er in den fernen frühen Tagen gearbeitet hatte, überlebte; Sie hatte einen angesehenen Mann von adliger Herkunft geheiratet. Seine Kinder waren zwei Söhne und eine Tochter; der ältere Sohn war in Westindien; der zweite, der sich der Kunst zuwandte, starb vor dem mittleren Alter.

Seine Werke sind heute in allen großen Galerien zu finden, aber um Murillo näher kennenzulernen, muss man nach Spanien reisen – nach Sevilla und Madrid. Frankreich verfügt über eine schöne Sammlung, und viele der Werke, die unsere Nationalgalerie sowie die Dulwich- und Wallace-Sammlungen schmücken, sind des Malers würdig. In Rom, Florenz, Dresden, München, Berlin, Wien und St. Petersburg ist er mit Werken vertreten, die Aufmerksamkeit verdienen. Zweifellos ist ein Großteil seines Schaffens verloren gegangen, vieles wurde restauriert, einige Bilder müssen noch entdeckt werden, aber es dürfte nicht schwierig sein, eine Liste von 500 Bildern zusammenzustellen, die Murillo gemalt hat, die meisten im dritten oder „ vaporoso "-Stil und in den letzten 25 Jahren seines Lebens gemalt. Hätte er den Auftrag aus Cadiz nicht erhalten oder hätte er ihn abgelehnt, können wir davon ausgehen, dass sein Schaffen erheblich größer gewesen wäre, denn er war bei ausgezeichneter Gesundheit, arbeitete gewissenhaft und malte seine besten Bilder. Er hat uns anhand von Aufzeichnungen über sein Leben, seine Werke und mehrere Porträts, die er von sich selbst malte, wissen lassen, was für ein Mensch er war. Zwei davon befinden sich in England. Eines der Bilder , die er in seiner Jugend malte, wurde 1853 von Sir Francis Cook bei der Louis-Philippe-Auktion gekauft und befindet sich heute in Doughty House; ein anderes, das in späteren Jahren gemalt wurde, befindet sich in Lord Spencers berühmter Sammlung in Althorp. Es soll noch weitere auf dem Kontinent geben; eines, das von denen, die es gesehen haben, als das beste von allen bezeichnet wurde, befand sich früher im Louvre, aber sein gegenwärtiger Ruheort ist dem Autor nicht bekannt. Der Künstler leidet heute unter der Tatsache, dass Velazquez sein Zeitgenosse war, und unter dem wahllosen Lob derjenigen, die ihn zum ersten Mal kennenlernten, als Soult aus dem Krieg zurückkam. Seine Lobredner ignorierten oder sahen nie seine Schwäche, die theatralische Pose seiner Figuren, das immer wiederkehrende Opfer der Vernunft für das Gefühl, der Stärke für die Schönheit. Seine Kritiker hingegen haben die Augen vor der Schönheit seiner Ideen verschlossen, vor der Kunstfertigkeit seiner Kompositionen, der exquisiten Qualität seiner Farbgebung und dem Geist echten Glaubens, der verhinderte, dass ein Thema abgedroschen wirkte, selbst wenn er es schon zwanzig Mal gemalt hatte. Er wiederholte sich tatsächlich; wenn wir uns nicht irren, sind heute mehr als zwanzig Gemälde von ihm bekannt, die die Geschichte der Unbefleckten Empfängnis erzählen.

Der Autor hat in Spanien und Frankreich etwa zehn oder zwölf gesehen, und obwohl die Behandlung ziemlich einheitlich ist, war jedes davon Gegenstand der sorgfältigsten Behandlung durch den Künstler; tatsächlich fehlt der zentralen Figur deshalb der Charme, den die kleinen Engel haben, die sich um sie schmiegen.

TAFEL VIII. – DIE HOCHZEIT DER JUNGFRAU

(Aus der Wallace-Sammlung)

Dies ist ein Tafelbild von großem Wert, voller Charme und sehr aufrichtig empfunden. Wie es bei Murillo üblich ist, ist die Gruppierung besser als die Farbgebung , die eine gewisse Tendenz zur Grobheit aufweist und nicht vollständig durch die Grenzen der Leinwand eingeschränkt wird.

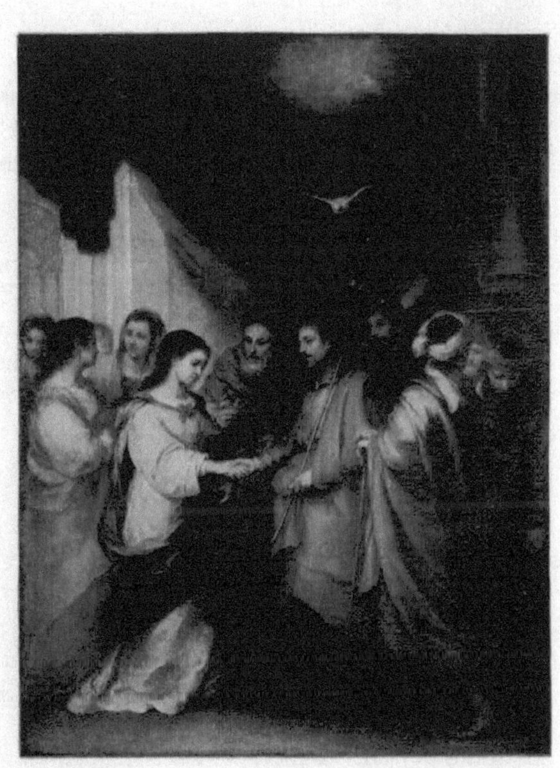

TAFEL VIII. – DIE HOCHZEIT DER JUNGFRAU

Murillo muss kleine Kinder geliebt haben; er ist nie so glücklich und frei von seiner hartnäckigen Sünde, Figuren steif zu posieren, wie wenn er sich von den Kleinen inspirieren lässt. Wir haben mehrere Beispiele für diesen Zweig seiner Kunst in und um London. Die National Gallery besitzt den „Trinkerjungen", während Dulwich mehrere Gruppen von Bettlerkindern und das entzückende „Blumenmädchen" besitzt. Man kann nebenbei anmerken, dass es tausendfach schade ist, dass die Schönheiten der Dulwich Collection der breiten Masse der Gemäldeliebhaber so wenig bekannt sind. Sie ist von der Bank of England aus in zwei Stunden zu Fuß zu erreichen und mit Bus und Bahn erreichbar. Fast alle Murillos sind frühe Gemälde, und der Velazquez (Philipp IV.) ist nicht ganz über jeden Verdacht erhaben, aber die Sammlung ist bemerkenswert und wird von der Öffentlichkeit leider vernachlässigt. Den Murillo-Kindern in Dulwich wurde oft vorgeworfen, dass sie die Sünde des Malers, theatralische Posen zu spielen, in grellem Licht zur Schau stellen, aber sicherlich haben diejenigen, die diesen Vorwurf erheben, das außerordentliche Selbstbewusstsein des spanischen Bettlers übersehen, ob er nun alt oder jung ist. Ausnahmsweise ist Murillo im Recht. Unter den Bettlern Spaniens werden Lumpen, die nur durch die Gnade der Vorsehung zusammengehalten werden, getragen, als wären sie Purpur und feines Leinen; und der Autor hat den Ausgestoßenen, dessen einziger Besitz außer seinen Lumpen die Zigarette war, die man ihm gerade geschenkt hatte, auf einer staubigen Landstraße stolzieren sehen, als wäre er ein Grande mit einem Elektromotor, der während der Hochsaison in Madrid durch die Reihen seiner Freunde im Park am Prado fährt. Die Pose der Bettlerkinder ist in vielerlei Hinsicht gerechtfertigt, der schwere Vorwurf, der dem Maler auferlegt wird, besteht darin, dass er seine Gottheiten und Heiligen behandelt, als wären sie kein bisschen besser als die Erlesenen von Sierpes oder die Bettler der Macarena. Sogar seine Lämmer sind sich zutiefst bewusst, dass sie für ihr Porträt Modell sitzen, und haben sich entschieden, dass sie ihrer Weide würdig sind, wenn sie verschont bleiben, um aufzuwachsen und Schafe zu werden . Der Maler war damit nicht im Recht, obwohl wir, wenn wir ihm gerecht werden wollen, nie vergessen dürfen, dass die Kirche ein wachsames Auge auf alles hatte, was er tat, und mit einer Autorität zu ihm sprach, die er als letzter missachtet hätte. Die katholische Kirche ist in ihrer Anbetung im Wesentlichen spektakulär, und sicherlich hätten die hohen Würdenträger der Kirche des 17. Jahrhunderts Murillo niemals ungestraft davonkommen lassen, wenn er seine Figuren in einfacherer Pose und ohne jede Prahlerei in ihrer Haltung dargestellt hätte. So wie die Dinge lagen, hatte er die Gottheit gefährlich nahe an die Erde gebracht.

Unsere gesamte Vorstellung vom Kunstgebiet hat sich seit Murillos Leben und Tod bis zur Unkenntlichkeit verändert. Der moderne Künstler hält seine Moral und seine Kunst unabhängig davon, ob er mit Farbe oder Worten arbeitet, voneinander getrennt. In der Kunst, sagt er, geht es nicht um eine Lebensregel, sie ist im Wesentlichen unmoralisch. Murillo hingegen vertrat die Theorie, dass die Kunst die Dienerin der Kirche sei und dass nur die Handhabung des gewählten Bildes Sache des Malers sei. Was den Glauben betraf, war er nicht weit von Beato Angelico entfernt, und wer gerne die Produkte einer Zeit in verschiedenen Ländern vergleicht, erinnert sich vielleicht daran, dass Carlo Dolci, der Florentiner Maler der Kardinaltugenden, etwa zur gleichen Zeit wie Murillo geboren wurde. Die Kirche tat für ihn in Italien das, was sie für Murillo in Spanien tat, aber der letztgenannte Künstler war aus strengerem Holz und verfügte über unendlich mehr Verstand und Talent als sein florentinischer Zeitgenosse. Aber zwischen Carlo Dolcis bestem Werk und Murillos schlechtestem gibt es ein gewisses Maß an Ähnlichkeit, das einen dazu berechtigt, sich daran zu erinnern, dass sie innerhalb eines Jahres nacheinander geboren wurden und dass beide im vorletzten Jahrzehnt des 17. Jahrhunderts starben.

Abschließend kann man sagen, dass Murillo, ganz abgesehen von seinen Verdiensten als Mensch, für einige seiner schönsten Bilder die Bewunderung der unvoreingenommenen Kritiker aller Zeiten verdient. Es gab Gelegenheiten, bei denen er Figuren malte, für die weder Velazquez noch Tizian sich geschämt hätten, es gab Zeiten, bei denen seine Heiligen und sein Erlöser mit erlesener Würde und Zurückhaltung dargestellt wurden. Im Licht der modernen Kritik beurteilt, war sein Werk uneinheitlich, aber diese Kritik hat keinen Grund zu der Annahme, dass ihre Argumente Murillo selbst etwas vermittelt hätten. Sein gesamtes Werk lässt darauf schließen, dass er wusste, was seine Botschaft sein sollte, und sie so übermittelte, wie er sie empfing. Wir können Bilder finden, bei denen die Proportionen der Figuren schlecht sind und die Umrisse hart und unschön sind, es gibt einige, bei denen die Farbgebung schlecht und wirkungslos ist. Aber wenn wir uns neben seinen schlechtesten Momenten damit begnügen, seine besten zu setzen, hat der Künstler nicht viel zu befürchten. Abgesehen vom Wert seiner Arbeit aus rein künstlerischer Sicht sollten wir nicht vergessen, dass er die Madonna und das Jesuskind aus dem Himmel, in dem sie für die einfachen Spanier unerreichbar gewesen waren, auf die Erde brachte, wo sie von denen gesehen und erkannt werden konnten, die im Dunkeln wandeln.